Mes meilleures recettes

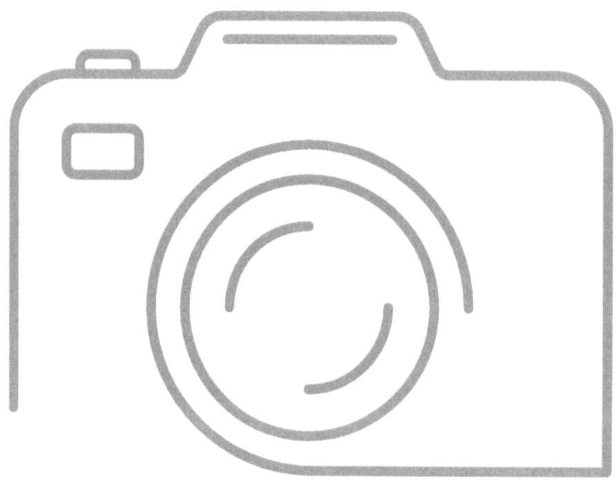

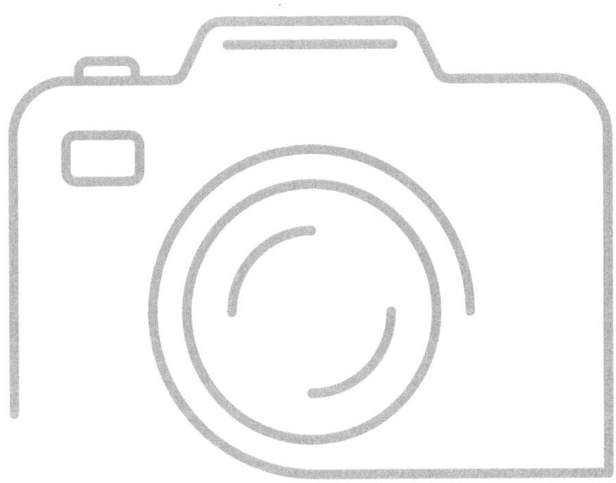

Recette

n°1

n°2

n°3

n°4

n°5

n°6

n°7

n°8

n°9

n°10

n°11

n°12

n°13

n°14

n°15

n°16

n°17

n°18

n°19

n°20

n°21

n°22

n°23

Recette

Recette n°1

parts

temps de préparation

temps de cuisson

température du four

évaluation

Ingrédients

illustration

Astuces

Préparation

Préparation

Recette n°2

parts

temps de préparation

temps de cuisson

température du four

évaluation

Ingrédients

illustration

Astuces

Préparation

Préparation

Recette n°3

parts

temps de préparation

temps de cuisson

température du four

évaluation

Ingrédients

illustration

Astuces

Préparation

Préparation

Recette n°4

parts

temps de préparation

temps de cuisson

température du four

évaluation

Ingrédients

illustration

Astuces

Préparation

Préparation

Recette n°5

parts

temps de préparation

temps de cuisson

température du four

évaluation

Ingrédients

illustration

Astuces

Préparation

Préparation

Recette n°6

parts

temps de préparation

temps de cuisson

température du four

évaluation

Ingrédients

illustration

Astuces

Préparation

Préparation

Recette n°7

parts

temps de préparation

temps de cuisson

température du four

évaluation

Ingrédients

illustration

Astuces

Préparation

Préparation

Recette n°8

parts

temps de préparation

temps de cuisson

température du four

évaluation

Ingrédients

illustration

Astuces

Préparation

Préparation

Recette n°9

parts

temps de préparation

temps de cuisson

température du four

évaluation

Ingrédients

illustration

Astuces

Préparation

Préparation

Recette n°10

parts

temps de préparation

temps de cuisson

température du four

évaluation

Ingrédients

illustration

Astuces

Préparation

Préparation

Recette n°11

parts

temps de préparation

temps de cuisson

température du four

évaluation

Ingrédients

illustration

Astuces

Préparation

Préparation

Recette n°12

parts

temps de préparation

temps de cuisson

température du four

évaluation

Ingrédients

illustration

Astuces

Préparation

Préparation

Recette n°13

parts

temps de préparation

temps de cuisson

température du four

évaluation

Ingrédients

illustration

Astuces

Préparation

Préparation

Recette n°14

parts
temps de préparation
temps de cuisson
température du four
évaluation

Ingrédients

illustration

Astuces

Préparation

Préparation

Recette n°15

parts

temps de préparation

temps de cuisson

température du four

évaluation

Ingrédients

illustration

Astuces

Préparation

Préparation

Recette n°16

parts

temps de préparation

temps de cuisson

température du four

évaluation

Ingrédients

illustration

Astuces

Préparation

Préparation

Recette n°17

parts

temps de préparation

temps de cuisson

température du four

évaluation

Ingrédients

illustration

Astuces

Préparation

Préparation

Recette n°18

parts

temps de préparation

temps de cuisson

température du four

évaluation

Ingrédients

illustration

Astuces

Préparation

Préparation

Recette n°19

parts

temps de préparation

temps de cuisson

température du four

évaluation

Ingrédients

illustration

Astuces

Préparation

Préparation

Recette n°20

parts
temps de préparation
temps de cuisson
température du four
évaluation

Ingrédients

illustration

Astuces

Préparation

Préparation

Recette n°21

parts

temps de préparation

temps de cuisson

température du four

évaluation

Ingrédients

illustration

Astuces

Préparation

Préparation

Recette n°21

parts

temps de préparation

temps de cuisson

température du four

évaluation

Ingrédients

illustration

Astuces

Préparation

Préparation

Recette n°22

parts

temps de préparation

temps de cuisson

température du four

évaluation

Ingrédients

illustration

Astuces

Préparation

Préparation

Recette n°23

parts

temps de préparation

temps de cuisson

température du four

évaluation

Ingrédients

illustration

Astuces

Préparation

Préparation

Recette n°24

parts

temps de préparation

temps de cuisson

température du four

évaluation

Ingrédients

illustration

Astuces

Préparation

Préparation

Recette n°25

parts

temps de préparation

temps de cuisson

température du four

évaluation

Ingrédients

illustration

Astuces

Préparation

Préparation

Recette n°26

parts

temps de préparation

temps de cuisson

température du four

évaluation

Ingrédients

illustration

Astuces

Préparation

Préparation

Recette n°27

parts

temps de préparation

temps de cuisson

température du four

évaluation

Ingrédients

illustration

Astuces

Préparation

Préparation

Recette n°28

parts

temps de préparation

temps de cuisson

température du four

évaluation

Ingrédients

illustration

Astuces

Préparation

Préparation

Recette n°29

parts

temps de préparation

temps de cuisson

température du four

évaluation

Ingrédients

illustration

Astuces

Préparation

Préparation

Recette n°30

parts

temps de préparation

temps de cuisson

température du four

évaluation

Ingrédients

illustration

Astuces

Préparation

Préparation

Recette n°31

parts

temps de préparation

temps de cuisson

température du four

évaluation

Ingrédients

illustration

Astuces

Préparation

Préparation

Recette n°32

parts

temps de préparation

temps de cuisson

température du four

évaluation

Ingrédients

illustration

Astuces

Préparation

Préparation

Recette n°33

parts
temps de préparation
temps de cuisson
température du four
évaluation

Ingrédients

illustration

Astuces

Préparation

Préparation

Recette n°34

parts

temps de préparation

temps de cuisson

température du four

évaluation

Ingrédients

illustration

Astuces

Préparation

Préparation

Recette n°35

parts

temps de préparation

temps de cuisson

température du four

évaluation

Ingrédients

illustration

Astuces

Préparation

Préparation

Recette n°36

parts

temps de préparation

temps de cuisson

température du four

évaluation

Ingrédients

illustration

Astuces

Préparation

Préparation

Recette n°37

parts

temps de préparation

temps de cuisson

température du four

évaluation

Ingrédients

illustration

Astuces

Préparation

Préparation

Recette n°38

parts

temps de préparation

temps de cuisson

température du four

évaluation

Ingrédients

illustration

Astuces

Préparation

Préparation

Recette n°39

parts

temps de préparation

temps de cuisson

température du four

évaluation

Ingrédients

illustration

Astuces

Préparation

Préparation

Recette n°40

parts

temps de préparation

temps de cuisson

température du four

évaluation

Ingrédients

illustration

Astuces

Préparation

Préparation

Recette n°41

parts

temps de préparation

temps de cuisson

température du four

évaluation

Ingrédients

illustration

Astuces

Préparation

Préparation

Recette n°42

parts

temps de préparation

temps de cuisson

température du four

évaluation

Ingrédients

illustration

Astuces

Préparation

Préparation

Recette n°43

parts

temps de préparation

temps de cuisson

température du four

évaluation

Ingrédients

illustration

Astuces

Préparation

Préparation

Recette n°44

parts

temps de préparation

temps de cuisson

température du four

évaluation

Ingrédients

illustration

Astuces

Préparation

Préparation

Recette n°45

parts

temps de préparation

temps de cuisson

température du four

évaluation

Ingrédients

illustration

Astuces

Préparation

Préparation

Notes

Notes

Notes

Notes

Notes

Notes

Notes

Printed in France by Amazon
Brétigny-sur-Orge, FR

22982179R00085